Trabajemos juntos

Kyla Steinkraus

Consultores sobre el contenido:
Melissa Z. Pierce, L.C.S.W.
Sam Williams, M.Ed.

Rourke
Educational Media

rourkeeducationalmedia.com

www.rourkeeducationalmedia.com

Melissa Z. Pierce is a licensed clinical social worker with a background in counseling in the home and school group settings. Melissa is currently a life coach. She brings her experience as a L.C.S.W. and parent to the *Little World Social Skills* collection and the *Social Skills and More* program.

Sam Williams has a master's degree in education. Sam Williams is a former teacher with over 10 years of classroom experience. He has been a literacy coach, professional development writer and trainer, and is a published author. He brings his experience in child development and classroom management to this series.

PHOTO CREDITS: Cover: © kate_sept2004; page 3: © Agnieszka Kirinicjanow; page 5: © Deborah Cheramie; page 7: © Pamela Moore; page 8: © kali9; page 9: © mayo5; page 11: © mümin inan; page 12: © Bart Coenders; page 13: © kali9; page 15: © kristian sekulic; page 17: © Doug Berry; page 18: © Miroslav Georgijevic; page 19: © Chris Bernard; page 20: © kali9

Illustrations by: Anita DuFalla
Edited by: Precious McKenzie
Cover and Interior designed by: Tara Raymo
Translation by Dr. Arnhilda Badía

Steinkraus, Kyla
Trabajemos juntos / Kyla Steinkraus
ISBN 978-1-63155-107-9 (hard cover - Spanish)
ISBN 978-1-62717-376-6 (soft cover - Spanish)
ISBN 978-1-62717-560-9 (e-Book - Spanish)
ISBN 978-1-61810-135-8 (hard cover - English) (alk. paper)
ISBN 978-1-61810-268-3 (soft cover - English)
ISBN 978-1-61810-394-9 (e-Book - English)
Library of Congress Control Number: 2014941423

Also Available as:
ROURKE'S
e-Books

Rourke Educational Media
Printed in the United States of America,
North Mankato, Minnesota

Rourke
Educational Media

rourkeeducationalmedia.com
customerservice@rourkeeducationalmedia.com • PO Box 643328 Vero Beach, Florida 32964

¿ Has trabajado alguna vez con alguien en un **proyecto**?

Trabajar juntos es cuando dos o más personas **cooperan** para completar un trabajo o proyecto.

Si tú trabajas junto a otros, eres parte de un equipo. Trabajan hacia una misma **meta**. El **trabajo en equipo** forma parte de muchas tareas.

Un entrenador de deportes y
sus jugadores trabajan juntos
cuando juegan.

Los pilotos y los controladores de tráfico aéreo trabajan juntos para asegurar que los aviones aterricen con seguridad.

Los autores y los ilustradores trabajan juntos para crear un libro. El autor escribe el cuento. El ilustrador pinta o dibuja las imágenes.

Tú puedes terminar un trabajo más rápidamente si tienes un amigo que te ayude.

Puedes dividir el trabajo para hacerlo más rápidamente. Puedes utilizar el **talento** de otra persona para que te ayude a finalizar un proyecto.

¿Puedes pensar en un proyecto en el que pudieras trabajar con un amigo?

¡Algunas veces, trabajar con un amigo puede ser divertido!

Hay muchas cosas que puedes hacer cuando decides trabajar junto a otros.

Primero, escucha las ideas de las otras personas.

Segundo, túrnense para hablar y escuchar.

Tercero, comparte con todos los del grupo tus instrumentos de trabajo, como pinturas o pegamento.

Y, lo más importante, debes ser paciente, amable y **respetuoso** con tus compañeros de equipo.

Trabajar juntos es una manera estupenda de completar un trabajo.

¿Qué harías tú?

Busca un compañero o dos, y creen su propio libro.

Escoge a una persona para que sea el autor. Él o ella, escribirá el cuento.

Escoge a otra persona para que sea el ilustrador. Él o ella, dibujará y coloreará las imágenes.

Trabajen juntos para decidir cuál será el argumento y cuáles los personajes.

Calcula cuántas páginas van a necesitar para narrar el cuento.

Escriban e ilustren su cuento.

Engrapen las páginas del libro.

¡No olviden diseñar la cubierta!

Glosario

cooperar:
trabajar con otros en una actividad.

meta:
un resultado que se quiere lograr y
por el que se trabaja.

proyecto:
una actividad que requiere
planificación y esfuerzo.

respetuoso:
ser cortés y considerado con los demás.

talentos:
destrezas o habilidades naturales que tienen las personas.

trabajo en equipo:
el trabajo que realiza un grupo de personas juntas.

Índice

Páginas web para visitar

www.activities-for-kids.net/cooperation-activities-for-kids.html

freestoriesforkids.com/tales-for-kids/values-and-virtues/
  stories-about-cooperation

www.goodcharacter.com/YCC/Cooperation.html

Acerca de la autora

Kyla Steinkraus vive en Tampa, Florida con su esposo y dos hijos. Ella y su familia llevan a la práctica trabajar juntos cuando cocinan, arman un juego de Lego o limpian el cuarto de los juguetes.

Ask The Author!
www.rem4students.com